현대시세계 시인선 186

푸른 하늘 은사시 정어리떼

남유정
시집

푸른 하늘 은사시 정어리떼

남유정 시집

시인의 말

수제비 반죽을 하듯이
일상의 건조한 가루들을 모아
맑은 은하수를 부어
우울을 치대고
화를 빼고
발효시킨다

팔팔 끓는 멸치육수에
쫄깃한 반죽을 떼어 넣고
감자 호박 양파 넣고

눈물 한 순가락
사랑 한 국자
연민 한 바가지
한소끔 부르르 끓어오르면

휘휘 저어 한 그릇 담아
뜨거운 시 한 편 내어놓는다
맛이 어떨지…

2025년 초가을
남유정

차례

시인의 말 5

1부 유난히 반짝이는

까만 울음 · 13

티눈 · 14

비문증 · 15

흰 공 · 16

하얗게 부서진 말들 · 17

물 그물 · 18

유난히 반짝이는 · 19

튤립 · 20

카프카의 성 · 21

저녁 루틴 · 22

산띠 산띠 산띠 · 24

혼밥 · 26

발자국 소리 · 27

반말 · 28

건기 · 30

2부 너무 친밀한 당신

자화상 · 33
지워버린 전화번호 · 34
가로수 · 35
하지정맥류 · 36
눈발 · 37
멸치 한 마리 · 38
턱의 표정 · 39
꽃비 · 40
참돔 미역국 · 42
노란 입술 · 44
속도의 경계 · 46
폐어구 스카프 · 47
독거노인 · 48
너무 친밀한 당신 · 50
내 팔자 · 51

3부 어디를 가실라고

호접란 · 55

질긴 것들 · 56

황반변성 · 58

이불 빨래 · 60

엄마의 눈썹 · 61

엄마의 밥상 · 62

공갈빵 · 64

어디를 가실라고 · 65

추억 필름 · 66

꽃상어 · 68

월미도 디스코 팡팡 · 70

대문 · 71

남편의 지갑 · 72

배롱나무 · 73

문어오림 · 74

4부 설산 습지 가는 길

하늘 연못 · 77

설산 습지 · 78

초파일 · 79

나락 냄새 · 80

산책 · 81

기울기 · 82

후박나무 · 83

구부러진 못 · 84

해바라기 · 85

북극성 · 86

키질 · 87

저녁 · 88

청사포에서 · 90

앗! 지네다 · 91

벚나무 아래 · 92

해설 고통의 바다를 건너는 은사시 정어리떼 / 김남호 · 93

1부

유난히 반짝이는

까만 울음

젖꼭지에 소태나무 진액을 묻혀
아기 젖을 떼었다고 한다

아기는 놀라서 울었겠다
우주가 까매지도록 울었겠다

그 아이 지금도 세상 어느 구석에서
울고 있겠다 속울음 삼키겠다

티눈

걸을 때마다 움찔 찌르륵
팽이 같은 티눈이 다섯 개
이 지경이 되도록 참고 있었냐는 말
눈물이 핑 돌았다
내 아픔에 둔감했구나
나를 외면하며 살았구나

홍합은 진주를 만들기도 한다는데
보석이 되지 못하는 것을 왜 키우고 있었나
비수 같은 말 삼키면 보약 되는 쓴 약인 줄 알았지
눈 질끈 감으면 잊힐 줄 알았는데

마지막까지 소화되지 못한 말
발치에 못으로 박혔나
걸어온 날들을 가만히 더듬어
낮도깨비 같은 말들 칼로 떼어낸다

비문증

마룻바닥을 달리는 바퀴벌레 둘
창문을 넘어가는 스멀스멀 거미 셋

지워도 지워도 날아다니는 얼룩
냉장고를 닦고 싱크대를 닦고 창문을 닦고
방바닥을 닦고 장롱을 닦고 마당을 비질하고
하늘에도 점점이 떠다니는 인공위성

거울 속 얼굴엔 기미가 가득
언니가 하는 말
"나이 들면 다 그래. 적당히 무시하면서 살아."

보이는 대로 말하지 말고
단점도 안 보이는 듯 슬쩍 눈 감고
자신만만함 거두고

그러나 새끼 업고 뛰는 바퀴벌레
까만 하늘에 빛나는 달도 두 개
심장 속에는 엉겨붙어 날아다니는 실뭉치

흰 공

악력을 키워 세상을 꽉 쥐고 싶었다

공을 쥐락펴락할 때마다
비어 있는 중심이
잡힐 듯 잡히지 않는 마음 같다

손등에 불뚝 솟은 힘줄과 힘줄들
손가락의 움직임 따라
마리오네트 인형처럼 춤을 춘다

힘줄은 지구를 들어올릴 때마다 자라나고
뿌리가 물을 찾아 뻗어나가듯
바깥을 향하여 강하게 요동친다

날이 저물도록
내 손아귀를 벗어나지 못한
아이들도 남편도 지친 듯 빈손인데

이 밤 내 손바닥에는 흰 공이 놓여 있다

하얗게 부서진 말들

소문을 집어나르며 거품 무는 집게발들
귓가에 몰려들어 잠 못 드는 밤
곱씹으며 삭혀보지만 모래알 씹듯 겉돈다

거친 파도가 난무하는 바닷가
뾰족한 말은 모난 돌이 되어 날아들고
가슴에 부딪히며 깨어져 가는 몽돌들

이해하지 못한 말들
망각 속에 꿈을 꾸고
파도에 둥글어지는 낯선 조각들

닳아진 말들을 파도 속에 밀어넣는다
검은 물결 속에 하얗게 부서지는 포말
달빛 공기방울이 하늘로 날아오른다

물 그물

감정의 기폭을 꺾고 바다로 갔어
무엇이든 받아들이는 바다
어쩔 수 없이 받아들이는 심해

육지에서 태풍에 쓸려가는 것들
아무리 건져내도 다 건져낼 수 없지
심중에 남은 억울함 다 토해낼 수 없지

쉼 없이 일렁이는 파도
다시 세차게 밀려와
푸른 유리 조각을 할퀴고 가네

검은 바위를 치고 부서지는 물방울
바닥 없는 심연을 흔들고 뒤집어
모래 위에 부드러운 하얀 뼈를 토해놓네

유난히 반짝이는

몰려가던 바람이 그물을 쳐놓았다
낭창 휘었다 탄력을 회복하는 거미줄
구름 이파리들도 짧게 꼬리친다

푸른 하늘에 유난히 반짝이는 은사시 정어리떼
혹등고래들이 뿜어올린 공기방울 울타리 속으로
구름이 우왕좌왕하는 사이
격렬한 몸짓으로 돌진하는 무리
우리 삶도 격렬비열 저러하리라

흔들릴 땐 단도직입 빛을 향해 진격할 일이다
빛의 길은 어떤 바람에도 꺾이지 않는다
흔들리고 출렁이다 휠 뿐

그 속을 한결같이 헤엄치는 물결
오십 년이다, 권태와 졸음을 떨치고
스스로 빛이 되어 저어가는 오후 3시
나도 저렇게 반짝이며 헤엄쳐왔다
조금 전 인생 3막이 시작되었다
사랑 하나 세월 하나
무심히 건너가는 중

튤립

빨강에 노란 줄무늬 새초롬한 모습
한눈에 반해서
작년 봄 앞마당에 옮겨 심었지

봄소식 전하는 수선화 피고 지고
튤립 기다리는데 감감무소식

지난 겨울 바람에 동상이 걸렸나
흐린 날들이 우울하게 했을까

"작년에 잎을 빨리 잘라서 그렇잖아.
뿌리를 키워야 하는데"
꽃집 언니의 말에

아차, 미안하다
보이는 것만 쫓았구나

혹시 내가 누군가에게
성급하게 가위질을 한 건 아닌지

카프카의 성

가끔 버스에서 졸다가 황량한 종점
다음 버스를 기다리며 나는 왜 이럴까
낯선 설렘 한적함 어슬렁거리는 시간이 필요했을까

아는 길도 시뮬레이션
갈림길에서 주춤거리다 낯선 길로 가지
돌고 돌아가는 길에 긴박한 여유로움

길치라서 멀리 가지도 못하지만
나비를 만나 한눈팔기도 하고
토끼를 따라 시간을 건너뛰기도 하지
엉뚱한 곳에서 경쾌한 나를 발견하기도 해

비를 만나 뛰어든 우산 밑에서 인연을 만나기도 하고
눈길에 미끄러져 친구를 만들기도 하지
인생이 미로 찾기 지도 같지만 앞길은 알 수 없잖아

생각이 복잡해지면 어느새 한적한 곳에 와 있지

저녁 루틴

해 질 무렵 운동장을 돈다
시계를 되돌리듯 반시계 방향으로 걷는다
달팽이관으로 들어온 말들이
천천히 되돌아나온다

툭툭 떨어지는 말들
달팽이 껍질처럼
부서지기 쉬운 감정의 껍질

뜀박질하며 발끝에서부터 올라온
감정들을 토해낸다

지치기 시작하면
그때가 한 단계 더 도약할 수 있는 지점
좀 더 힘을 내어 걷는다

흐린 하늘에 무지개 뜨고
저 산 너머에
일순간 비치는 보랏빛 광채

구름에 노을 져
영원 같은 순간이 어두워진다

산띠 산띠 산띠*

배가 불룩하도록 숨을 가득 채우세요
배가 홀쭉하도록 숨을 길게 뱉어내세요

아침부터 부산했던 일들을 가득 채운다
조금 전까지도 들끓는 감정들을 길게 뱉어낸다

하루의 먼지를 털어내고
고단함을 내려놓고
꽉 쥔 두 손을 내려놓고
허둥거리는 두 발을 내려놓고
손가락 마디마디
발가락 마디마디
긴장을 내려놓으세요

저 멀리 숲속을 불러온다
평온하고 아름다운 숲속에
사바사나
새소리에 복잡한 생각을 날려버린다
개울 물소리에 마음을 씻어 흘려버린다

두 손을 비벼
아픈 곳에 가만히 올려놓는다

밝고 환하게 평화롭게

＊산스크리스트어로 평화, 고요, 안녕을 뜻한다. 주로 인도와 네팔 등지에서
인사말이나 명상시 사용되며, 마음의 평화를 기원하는 의미를 담고 있다.

혼밥

하루에 한 번 차려도 1년 365일
20년이면 7,300번
함께한 세월이 늘어서 있다

언제나 닥쳐오는 출근시간 앞에
갓 지은 밥과 함께한 둥근 상

둘이 앉아 먹던 상에
숟가락이 다섯 개
아이들의 수다가 많아질수록
반찬은 풍성해지고

때 되어 썰물처럼 빠져나간 자리
남편 없는 밤
혼자 밥상에 앉아
빈자리에 안부를 묻는다

발자국 소리

석양은 마루 끝에 앉았다가
저 혼자 가버리고

기다려도 오지 않는
기다려서 오지 않는
장에 가신 할머니

감나무 마른 잎사귀 소리만 서걱거리는데
어디까지 왔나,
어디까지 왔나,

우리는 동구 밖에
대문 앞에 방문 앞에
차례차례 귀를 매달아놓고

졸다가 깨다가
풍경소리 내는 초저녁

반말

아홉 살 여름
처음 만났던 서울 언니
키 크고 하얀 얼굴
키 작고 새까만 나

사투리 반말투
무시한다고 화내던 언니
서울말은 '요' 자만 붙이면 된다며
이랬어요
저랬어요
말끝마다 높임말을 쓰게 했지

서울 학교살이 언니 시집살이
틱장애와 축농증 십 년 고개
투닥투닥 이불 속에서
순정만화 15금 하이틴 로맨스
언제나 짜릿한 해피엔딩

이제는 말할 수 있어
나는 스무 살 많은 큰언니한테도 반말하는데

니는 네 살 많다고 너무 재지 마
이제는 친구도 할 수 있는 나이라고
언니야,
우리도 해피엔딩 하자

건기

원숭이들도 물을 찾아나섰다
젖이 마른 어미는 비쩍 마른 가죽을 거머쥐고 있다
손에 꽉 쥔 얼굴
헛껍데기가 어미 손에서 흔들린다

새끼의 죽음을 곱씹고 있나
놓지 못하고 허둥허둥

거실에 가족사진
언니는 가고 없는데
헛껍데기 같은 사진 쓰다듬으며

"내가 좀 더 일찍 너를 찾았어야 했는데
어릴 때부터 빌빌한 것
사는 게 뭐가 이리 곽곽한지"

허방을 짚는 눈동자

2부

너무 친밀한 당신

자화상

뻑뻑한 거울을 밀어 닦는다
건조한 어제의 냄새를 씻어내고
밤새 텁텁한 말을 헹군다

거울 속에 주름 접힌 하회탈
거뭇거뭇 나불나불 초랭이
빈 머리카락의 눈치 빠른 땡중

일단 백분으로 뽀얗게 바탕을 깔고
오늘의 얼굴을 스케치한다

부네처럼 눈웃음치며 사랑을 받아볼까
이매처럼 바보스럽게 남을 웃겨볼까
선비탈을 쓰고 아는 체 거드름을 피워볼까

문을 연다
햇볕이 내 얼굴을 벗겨간다

지워버린 전화번호

잊었던 것인데
익숙한 전화번호
뒷골이 짜르르 진땀이 난다

기쁜 감정은 순간 지나가고
아픈 일은 가시로 남아
우울한 구름 속에 앉았다

이보다 좋을 수 없는 날
곧 하향선을 그리며
뚝 떨어지는 낭떠러지라는 걸
잠시 잊고 있었지
그 누군가 없었다면 다시 못 올 그날

감정이 충만한 그때
모든 것이 우리를 위한 것이었다
함께한 시간 속의 나를 사랑했다

지워버린 번호의 안부가 궁금해진다

가로수

회신 삼거리에서 옥종 가는 길
빛과 그늘이 교차하는 이 겨울

가로수가 새겨놓은 바코드 사이로
시속 50킬로로 달리며
출근길 감정의 스위치를 끈다
사회적 쓸모
나를 증명하는 것들
직책이 주는 한계
오늘 할 일을 시뮬레이션한다

업데이트되는 기록

퇴근길 감정의 스위치를 켜고
지는 해를 붙잡아
현재의 궤도를 확인한다
오늘 하지 못했던 말들
단호하고 분명하게 말하면서
나를 자책하는데

배고프다
말갛게 씻은 아이들 얼굴 보고 싶다

하지정맥류

스타킹을 신는 남편
낑낑거리며 오늘의 압력을 밀어올린다

너무 오래 하면 병이 된다고 했던가
운전이 직업인 그는
종종 다리가 붓고 천근만근 무거웠다
쥐가 나서 잠을 깨는 날들이 간격을 좁혀왔고
어느 날 혈관이 툭 불거져 나왔다

절대 길을 잃지 않을 것 같은 의사 왈,
집으로 돌아가는 길을 비몽사몽 헤매듯이
더듬이가 꺾여 방향을 잃고 갈팡질팡하듯이
심장으로 돌아가지 못한 혈류가 역류한다고 한다

의료용 압박 스타킹을 신으라는 처방
오늘도 그는 스타킹을 신는다
돌아갈 곳을 잃지 않기 위해 좁은 골목으로
부어오른 다리를 밀어넣는다

눈발

땅 위에 무엇을 남기려고 내리닫는가
하늘에서 미친 듯이 땅을 향해 내닫는 발굽
성난 말처럼 방향 없이 달리는구나

집안에 날아든 붉은 딱지
가슴에 꽂힌 비수 같은 말들
정신착란의 날들

미움받은 쥐새끼처럼
환영받지 못한 불청객처럼
땅바닥에 흩날리는 찌라시처럼 굴러다니다
그리 급하게 가는가

쫓기듯 허둥거리며 종종대던 모습
어찌할 수 없던
언니

멸치 한 마리

멸치 똥
저 쓴 것을 빼고 멸치라고 할 수 있을까
한 마리 통째로 먹었다고
한 생을 꿀꺽 삼켰다고 할 수 있을까

은빛 옆줄을 따라 바다를 헤엄쳐왔다
한시도 눈감지 못하고 헤엄쳐온 날들

콩닥이는 붉은 심장
소화되지 못한 말들
웅크린 욕망을 끌어안고
남해 죽방림에 이르러
느닷없이 다가온 끝

이제 조용히 눈뜨고 입 벌리고
온몸으로 용트림하는
멸치 한 마리 통째로 씹는다
자근자근 달짝지근한
생의 쓴맛이 차오른다

턱의 표정

코로나19
새로운 일터로 나갔지
마스크 낀 얼굴들 구별하기 어렵네
안면인식장애를 겪는 느낌
턱에도 표정이 있었나봐

마스크를 벗으면 당황스럽지
내가 알던 너는 날아가버리고
라디오 속 목소리도 주파수를 바꾸네
낯선 얼굴이 까딱 인사를 하네
실룩거리는 입술 단조로운 리듬

시간을 초조하게 바라보지
엿가락처럼 늘어가는 시간
턱은 다시 마스크 속으로 사라지고
비로소 돌아와 앉은 너를 쳐다보네

꽃비
― 악양 입석 정서운 할머니를 기리며

아버지 대신 끌려간
15세 꽃다운 나이
일본으로 대만으로
자카르타로 돌고 돌아
꿈에도 그리던 하동

모두 죽고 없는 무덤 같은 집
동네 사람들 수군거림에 다시 떠난 고향
닫아버린 마음은 녹슬고
변명의 시간은 역사를 은폐하고
나 여기 살아 있소
용감한 위안부 첫 증언

목숨만 부지하고 살자
내 몸은 빼앗아가도
내 마음은 못 빼앗아간다
그런 정신으로 살았지

"나는 부끄럽지 않다
부끄러운 것은 힘 없는 나라고

전쟁을 일으킨 일본이다"

섬진강에 흩뿌려진 넋
수요집회에
취간림 평화의 탑 위에
한 잎 한 잎 물들인 사연
꽃비가 내린다

참돔 미역국

제주에서 보내온 팔뚝만 한 참돔

국솥에 넣고 물 소주 붓고 푹 삶아
단단하고 날카로운 가시를 발라낸다
불가사리도 잡아먹는
포식자답게 뼈가 억세다

외가에서 보내온 미역 불리고
까나리액젓 마늘 넣고
곰국 끓이듯 다시 뭉근하게 끓인다

구수하고 뽀얀 육수
오글오글 밥상에 모여 한 그릇씩
억센 바다를 풀어 홀홀 들이킨다

그때 뜨거운 김 사이로 보이는
바다 한 자락

4·3 특집 한 장면
할머니의 자글자글한 주름이 하는 말

그날 제주 바당은 피바당이여신게
쓰러진 아들, 물칫고기 밥 돼 불안허여
나는 평생 물칫고기 못 먹어신게마씸

당신들의 피바당을 먹고 자란 참돔
푸르고 힘차게 살아왔다

노란 입술

팽목항 난간엔
꽃샘바람 나부끼는
빛바랜 노란 띠들

아빠, 큰일났어요
배가 가라앉아요
길호야, 구명조끼 입고 뛰어내려라
친구들하고 같이 뛰어내려
아빠가 지금 가마

엄마, 배가 가라앉아요
무서워요. 살려주세요
겁먹은 미선이 목소리
밤마다 들리는 울음소리

검푸른 바닷속에 세월호
누가 좀 도와주세요
아이가 떨고 있어요
우리 아이 좀 꺼내주세요

사륵 사륵 물기 머금은 소리
우리 좀 데리고 가세요
집에 가고 싶어요

노란 입술 파르르 떨며
손을 내민다

속도의 경계

내려오는 눈꺼풀을
해가 지는 쪽으로 매달고 달린다
달빛을 품은 검은 차도
땅속으로 기어들어가는 관짝

갑자기 튀어나온 고라니
오싹한 전율의 브레이크
졸음을 뚫고 나온 죽음의 경계
아스팔트가 일어서며 호각을 불고

하얀 엉덩이가 뛰어간다
토끼 같기도 하고 캥거루 같기도 한
소리 없는 비명이 도로 위에 번뜩인다
비상 깜빡이가 머릿속을 울린다

페어구 스카프

남방큰돌고래 꼬리에 걸린
그물 스카프
떨쳐내려 할수록
살을 파고드는 상처 하나

새끼 돌고래
주둥이와 지느러미에 휘감긴 낚시줄
풀어보려 몸부림쳐도
뱅글뱅글 맴도는 죽음의 그림자

통각을 잃어가는 바다

독거노인

첨에는 부끄럽더만
요양보호사가 얼매나 살갑든지
비누칠함서 부지런히 이바구하고
구석구석 때 미는데 시원타 아이가
드라이로 몸도 말리고 머리도 말리는데
어린애가 된 듯도 하고 엄마 생각도 나고
다리를 못 쓴께 이런 호사를 누리네
울컥 눈물을 훔치는 울산댁

마루 밑에서 낑낑거리며 눈을 끔벅이는 누렁이
다리가 불편한지 일어서려다 주저앉는다

텃밭에 풀은 내가 기댕기면서 매지
푸성귀가 있어야 밥이라도 먹제
호박 이파리 따가이소, 쌈 싸묵으모 맛있데이
자슥들, 바쁘다 아이가
추석 때나 올라나
혼자 사는 노인네 요래 찾아와주니 고맙소
짓무르는 눈을 손등으로 문지르는 할머니

누렁이가 하품하며 하얀 눈썹을 긁는데
개밥그릇에는 어제 뼈다귀가 그대로 있다

너무 친밀한 당신

매일 전화하는 당신 좋아요
보고 싶다고 찾아오는 당신 좋아요
사랑한다면 암 그래야지요
친구보다도 더 중요한 당신

아침밥을 함께 먹어요
이제 서로를 챙겨야 합니다.
하루 종일 뭘 했는지 궁금합니다
핸드폰 비번을 서로 공유해요
당신은 비밀이 있나요?

  당신이 좋아하는 장미를 주문합니다 당신이 먹고 싶어하는 파스타를 만듭니다 당신이 가고 싶어하는 바다로 여행을 갑니다
  그런데, 당신은 들꽃을 좋아한다니요 당신은 된장국을 좋아한다니요 당신은 집에서 쉬는 걸 좋아한다니요 그것도 혼자서

  우리는 서로를 쳐다보며 닮아갑니다
  서로를 잃어갑니다
  어느새 한몸인 우리

내 팔자

서울 사는 딸내미 방학 때 휴가 온다고 해서
"땀띠 나고 고생한데이, 찬바람 나면 오니라."
딱 잘라놓고 나니 손주들이 보고잡다
와이파이도 안 되고 에어컨도 없고 친구도 없고
심심하다고 투덜거리는 소리 들리는 것 같다

손주들 불러들이려면 에어컨부터 놔야겠는데
시장 전자상에 물어보니 백만 원이 넘는단다
텃밭 푸성귀, 부지런히 판다고 백만 원이 생기겠나
새벽부터 주섬주섬 거둬들인 고구마 줄기
노점상에 앉아 시들시들 껍질 벗기며 손님을 기다리는데

찬 바람나니 부산 사는 아들놈이 덜컥 전화 와서 하는 말
"어무이, 급해서 그러는대예, 백만 원만 있으면 붙여주이소."
집이랑 논이랑 다 팔아먹고
아직도 사고치고 다니는 자식놈
내 속 다 파먹는 놈 아이고 내 팔자야

노점상 할머니의 푸념이
좌판에 푸성귀처럼 힘없이 늘어졌다

3부

어디를 가실라고

호접란

막내 태어나던 날
선물받은 호접란

넓적한 두 잎사귀
튼실한 것이 우리 아기
오동통한 팔뚝 같고

윤기나는 초록의 촉수
공중에 더듬거리는 폼이
걸음마 떼는 우리 아기 뒤태다

남풍이 불어오는가
층층 기둥 틈에서 고개 내미는 꽃대
밖에 나가자고 손짓하는데

앙증맞은 봉우리마다
연노랑 나비의 무리가 숨어 있구나

질긴 것들

새벽에 요의를 느껴 두세 번 깬다고
어둠 속에서 혼자 앉아 있는 일이 늘었다고
나이가 들어 그렇겠거니 했는데
화가 차서 그렇다는 한의사의 말에
울컥 눈시울 뜨거워지는 엄마

새벽 어스름 벌떡 올라오는 화중
의처증 남편의 벼락치는 소리
해도 해도 끝이 없는 자식 뒷바라지
못살겠다고 찾아오는 시누이까지
어처구니없는 것들
"내가 뭐라고 다들 나한테 불을 붙이나."
화로를 확 뒤집어쓴 듯 다시 불덩이가 된 엄마

이제 혼자된 엄마는
텃밭에서 하염없이 풀을 맨다
맥문동, 박하, 마삭줄, 띠 …
질기고 질긴 것들, 필요 없는 것들
마치 숨통을 조여오는 것들은
다 잘라버리겠다는 듯

우악스럽게 뿌리째 뽑고 뽑아낸다
텃밭이 맨질맨질해지도록

황반변성

왼쪽 창은
계란 노른자에 선 실핏줄처럼 보여
마치 부화를 기다리는
작은 병아리 같아

오른쪽 창은
아폴로 11호가 착륙한 달나라 같아
분화구가 군데군데 있고
월석이 흩어져 있지

실명을 경고하는 의사
골목길을 돌다가 갑자기 나타난 벽
노란 보도블록이 나를 위한 것이었나
흰 지팡이와 맹도견을 준비해야 할까

보이저 1호가 우주에서 보내온 편지를
해독할 수 있을지도 몰라
새로운 이웃과 감각이 생길 수도 있겠지

왼쪽 창과 오른쪽 창이 만나는 지점에서

살며시 문을 열어
마음이 다치지 않는 쪽으로
아직은 괜찮아

이불 빨래

형부의 심장병 판정 후
언니는 이불 빨래를 자주 했었지
이불 모서리가 해지도록
걱정 근심 우울한 생각들로 밤새 뒤척이다
악몽 털어내듯 해대는 빨래

수술로 한 고비 넘기고
다시 이불 빨래를 하며 노래했지

빨랫줄에 튕겨오르는 새의 노랫소리
숲속 맑은 바람 젖은 눈물 말려주렴
몽글몽글 순두부 같은 양떼구름
편안한 숨소리로 잠들게 해주렴

새털같이 포근해진 이불
언니는 단잠을 잤을까

엄마의 눈썹

한창때 김지미처럼 숱 많고 우아한 눈썹
엄마의 삶도 그렇게 여유 있게 살 줄 알았지

어떻게든 눈 똑바로 뜨고
잘 살아보려고 용을 쓴 까닭일까
오른쪽 왼쪽 눈썹 제각각 솟은 핏줄

한쪽은 울고 한쪽은 웃고
눈썹 빠져나간 자리에 희미해진 얼굴
아빠 얼굴, 언니 얼굴

다시 한번 눈썹 모양 잘 잡아보리라
마음먹고 흐린 눈썹을 스케치하는데
눈 뜨세요, 눈 감으세요
참으세요, 금방 끝나요

겨우 한숨 돌리고 본 거울 속에
연예인처럼 반듯한 아치 눈썹
이제 엄마의 삶도 반듯해질 수 있을까

엄마의 밥상

엄마 고향은 고흥 바닷가
시원한 바람과 거품 파도 소리
고깃배가 들어오는 길 따라 펼쳐지는
갈매기 떼의 군무

할아버지 삼촌이 잡아온 싱싱한 고기
할머니가 캐온 바지락 조개
배추를 절이던 청정한 바다
엄마의 어린 시절 이야기

방촌 이모가 해마다 보내주는 보따리 속
미역, 다시마, 청각, 마늘, 콩, 깨, 붉은 고추
고향에서 손수 걷어온 잘 여문 것들
베란다에서 햇볕을 쪼이고

그 옆 소쿠리 위에는
엄마가 새벽 경동시장에서 건져올린
빨간 고기, 서대, 임연수, 가자미
바람에 꾸득꾸득 졸고 있지

서울에서 고흥까지 아득한 거리
바다 내음 가득한 엄마의 밥상
우리 남매는 서울 거리를
싱싱하게 헤엄쳐 다녔다

공갈빵

누런 봉투 속에 담겨 있네

봉투보다 더 진한 갈색을 띤
깨 박힌
속이 텅 빈
바싹하니 씹히면서
찐득한 단물이 나는

아빠의 가슴속 같은

어디를 가실라고

지난 주에 이모랑 손잡고
국민건강관리공단에 갔다왔다고
생명연장 포기각서라는 거
써놓고 왔다고

한가할 때 집에 와서
갖고 싶은 그릇 다 챙겨가란다
살림살이가 너무 많아서
싹 정리한다고

앨범에 있는 사진도 가져가란다
어릴 때 흑백사진이랑
엄마 아빠 가족사진

살림살이 좋아하고
옷 좋아하는 엄마
이제 가벼워지고 싶단다
어디를 가실라고
서두르시는지

추억 필름

할머니집 대청마루 위에
영화 필름처럼 돌아가는 추억사진

맨 앞에는 할배 할매 영정사진
장날마다 나를 데리고 다니신 할배
종이점방 아재에게 문안 인사드리고
시장 구경 맛있는 가자미식해도 먹었지

낮에는 비행기 소리 무서워 할매한테 쫓아가고
밤이면 고양이 족제비 쥐 잡고 닭 잡는 소리
할매 품에 꼭 안겨 잠을 잤지

영정사진 옆 멋진 양장 차려입은 아빠와 엄마
창경원에 소풍 간 날 신나게 군악대 따라가다
미아보호소에서 울며불며 엄마를 기다렸었지

그 옆에 나란히 걸린 형제자매 돌사진
집안이 자리잡은 후 넉넉해진 살림살이
자식들 뒷바라지 엄마의 온갖 지극정성

어느 집이나 그렇듯
자식들은 제 갈길로 찾아가고
필름 속에 남은 가족 언제쯤 한자리에 모일까

꽃상여

할머니 먼 길 가시네

모시옷 곱게 차려입고
쌍가락지 빈자리 화인처럼 새기고
누굴 만나러 가시나
복사꽃같이 환한 미소

삐비 싱아 까마중 사루비아 꽃물 따먹고
무화과 열매 눈으로 달게 먹던 시절
항아리에서 땡감 맛들기를 기다리며
자식 다섯, 손주 셋 거둬주셨네

창호지에 비치는 감나무 달 그림자
꿈속으로 가는 아슬아슬한 이야기
밤이면 고양이 쥐 잡는 붉은 소리
할머니 품에 꼭 안겨 잠들기도 했지

단발머리에 치마 입고 구두 신고
할머니 혼자 남겨두고 서울 가던 날
방학 때면 꼭 온다고 약속했는네

삼 년을 못 넘기고 떠나셨네

살아온 생을 보듬는 깨끗한 꽃장식
요령소리 저렁저렁 길을 여는 군무
상여소리 우렁우렁 고갯길 넘어가네

월미도 디스코 팡팡

안전벨트 없는 디스코 팡팡
월미도에서 가장 인기 많은 놀이기구

초등학생은 못 탄다는데
딸의 성화에 못이겨
디스코 팡팡에 오른 반백의 아빠
안전벨트 대신
두 팔로 팽팽하게 힘줄을 당기지

디스코 리듬에 탈탈탈 털리는 평정심
버팀은 아빠의 자존심
아이는 갈매기 따라 날아가려 하고
아빠의 다리 아이 다리를 걸고
저절로 추는 개다리춤

짓궂은 디제이 고우 고우 고우
로데오처럼 허우적대는 아빠의 인생
아악 아악 끝까지 당기는 탬버린

대문

할머니집 대문은 양철대문
비바람 불면 문이 먼저 울었어
거지도 이웃도 개도 아이도
누구든 발끝만 까딱이면 들여다보이던 집

팔순잔치
자식들이 선물한 금목걸이
봄볕보다 환해지던 얼굴

도둑놈이 그 웃음을 삼켜버렸지
동네 사람들 얼굴 도둑처럼 변하고
누굴 의심할 수도, 믿을 수도 없는
그날부터 할머니 입술은 굳게 닫혔어

아버지가 허름한 집에 철문을 달고
자물쇠가 철컥, 소리 날 때마다
점점 굳어지는 집

비가 와도 바람이 불어도
이제 그 집은
아무 말도 하지 않아

남편의 지갑

트럼펫 같은 코골이
오늘은 어디까지 갔다가온 걸까
깊은 어둠 꿈 없는 잠 속에 빠진 사내

식탁 위에 두툼한 지갑
햄버거 패티처럼 접힌 영수증과 거래명세서
실밥이 터져 모서리가 너덜너덜

오른쪽에는 각종 카드 왼쪽에는 빡빡한 명함들
도장이 7개 찍힌 카페 무료 음료 쿠폰
인제대학교 부산백병원 회원 카드
화물운송 종사자 자격증
그리고 깊숙이 안쪽에 박혀 눈 찡긋거리는
Room주점 명함

딸내미에게 이만 원을 줄 때마다 당당하던
마누라에게 십만 원 줄 때마다 아껴 쓰라던
그 지갑
오늘은 옆구리가 헐빈해서 미안합니다 한다

배롱나무

깊이 파인 이마주름
햇볕에 그을린 암갈색 피부
울근불근 탄탄한 근육
느릿느릿 팔자걸음

아이들 목마 태우고
팔에 매달기도 하면서
안고 달래고
업고 뛰기도 했지

작열하는 여름이면
낱낱이 풀어헤친 혈맥마다
핏방울 맺히듯 붉은 꽃 펼쳐드는 백일홍

피고 지는 꽃들 속에
웃음, 눈물, 기쁨, 안타까움
모두 어우러져 단단히 익은 열매들

세월의 강을
한결같은 호흡으로 건너가는
부처손 같은 사내

문어오림

명절이면 며칠 동안
나무망치로 두들겨가며 문어다리 얇게 오려
국화꽃 선물해주던 할아버지

시집가던 날 전통 혼례 북새통
잔칫상 위에 하얗게 핀 문어오림
시아버지 솜씨에 어린 시절 추억이 떠올랐지

껍질이 그대로인 피문어, 껍질을 벗긴 백문어
장미, 포도송이, 학, 봉황도 만들 수 있다는데
요리조리 돌려가며
꽃을 피울 적에 무슨 생각을 하셨을까

몇 년 전 돌아가시면서 하던 말씀
먼 데서 산골짜기로 시집온 며느리
웃는 것 보고 싶었어
환하게 우리 집안을 밝혀주었으면 했어

아버님 기일이면
여섯 남매에 손주 열둘 마당 가득
국화처럼 환하게 불 밝힙니다

4부

설산 습지 가는 길

하늘 연못

섬호정 가는 길
발길에 어린 푸른 그림자들
마치 영사기처럼 바람결에
촤륵촤륵 돌아가는 하루의 음영

쑥쑥 하늘 높이 자라나는 대나무들
마디마디 한 뼘 자란 담담한 수묵무늬
땅 속 뿌리가 궁금하지 않을 만큼
대담하고 진중한 군무

초록 잎들은 햇살을 따르지
줄기 따라 하늘을 올려다보니
마치 물빛에 어린 초록 그늘 같아
환한 연못이 펼쳐지네

연못 위로 다가오는 고래 구름
찌짝짹 찌짝짹 헤엄치는 참새들
텀벙 뛰어오른 내 마음의 꼬리

설산 습지

이 숲에는 끼익 꺼어억거리는 소리
할머니집 부엌문 열리는 소리
호이잇 호이잇 신호를 보내는 휘파람새 소리
삼정마을 입구에서 설산 습지 가는 길

절터와 화전민이 살았다는 곳
전쟁통에 모두 죽임을 당했을까
소개령이 내려져 아랫마을로 내려갔을까
온 마을이 자박자박 첨벙첨벙 물의 나라

물에 비친 대나무 소나무 느티나무들
소나무가 없었다면 대나무는 넘어졌을까
서로 기대어 의지하는 듯
바람 따라 으이익 으이익 소리

인적 없는 곳 나무들이 살고 있는 마을
다리를 슬쩍 걸쳐놓은 듯
어깨를 툭 치고 팔짱을 끼고 흔드는 듯
홀딱 벗고 홀딱 벗고 검은등뻐꾸기 소리

초파일

초파일 소원등
과년한 딸 결혼축수
옆에 있던 노파가 건네는 말

옛날 히말라야에 살았다는
설인을 아는가
지난 겨울 이곳 지리산에 왔다는데
곰한테 들은 게지
백일기도로 인간이 된
웅녀의 이야기를

태양의 열기를 피해 숨어든
불일폭포
몇 날 며칠 면벽수행만 하더니
글쎄 이번 초파일에
털옷을 벗어던지고 인간이 되었다지

이제
짝을 찾으러 다닌다는데
말수 적고 체격 좋은 산사나이를 만난다면
혹시 그가 아닌가 살펴보구려

나락 냄새

싸그락 싸그락 무딤이들판
조랑조랑 새끼들의 무게로 기울어지고
벼 이파리들이 노르스름하니 익어가네

푸른 건초 같은, 모시 옷자락 같은
가마솥에 눋기 시작한 누룽지 냄새
바람결에 부그르르 쌀밥 냄새 퍼지네

깻잎장아찌만으로도 홀딱 넘어가는 뜨거움
속이 차지 않은 배추와 어린 무
살살 버무려 얹어 먹어도 좋겠네
둥근 밥상에 둘러앉은 식구들
달그락달그락 수저 놀림 소리

까르륵 아이는 조심스레 밤송이를 차네
톡, 분꽃이 까만 열매를 뱉어내네
형제봉 푸른 바람에 대봉감 붉은 미소
섬진강 위로 얹히면 윤슬 따라 남해로 가네

산책

벚꽃잎 팡팡 터지는 봄날
하동포구 강둑길

절뚝이며 걷는 소녀 뒤로
절뚝절뚝 꽃잎이 날린다

하얀 털뭉치 같은 강아지 뒤로
화륵화륵 꽃잎 뭉치가 쓸린다

꽃바람이 불자 앞질러 뛰어가는 강아지
신바람나서 깡충깡충 춤을 춘다
소녀의 웃음소리가 강아지를 부른다

살랑살랑 꽃잎을 뿌리는 강아지 꼬리
소녀와 함께 향기로운 바람 속을 걸어간다

기울기

옥종 편백림
한자리에 서 있다는 것
뿌리내린다는 것은
한쪽으로 기울어지는 일이다

햇빛이 비치는 쪽으로
나뭇잎이 흔들리는 쪽으로
끊임없이 지저귀는 쪽으로

그리하여 등뼈가 굽고
허리가 조금씩 꺾이고
팔다리가 휘어지는 것이다

그 편에
눈길이 간다
손길이 다정스럽다
발길이 부지런하다
그곳에 10살 여자아이가 있다

후박나무

동백꽃을 보러 갔다
날씬하고 미끈한 수피들
낭창낭창한 가지 위에 환한 꽃등

그런데, 소금기 머금은 일회용 밴드
잘려나간 가지 짚신벌레 같은 흉터
바닷가 끝까지 밀려난 후박나무들

부글부글 파도는 끝없이 밀려들고
허물어진 상처 있는 늙은 후박나무
괜찮아 괜찮아질 거야

후박나무 우듬지에서
내미는 연한 붉은 손
오동도에서 보내는 SOS

구부러진 못

횡천 답곡마을 시멘트벽돌 슬레이트 지붕
화장실 부엌 방 두 칸짜리 남향집
마당 한쪽에는 감나무 매실나무 대추나무

구석구석 나무틀마다 박힌 작은 못들
도배를 하려고 못을 뽑다가 혹시 살다가
필요하지 않을까 싶어 그만두었다
살림을 정리하며 못의 구실을 찾아간다

앉은자리에서 끌 수 있는 전기 스위치 옆
문틀에 손거울 머리빗도 건다

남편이 가져온 농협 달력은 부엌 벽에 걸고
한 장씩 떼어내는 일력은 안방에 걸고

색동주머니가 달린 복조리
창문틀 모서리에 거니 안성맞춤

아이들 돌사진과 가족사진 걸 자리를 찾으니
미닫이문 위에 구부러진 못들, 아하 이 자리구나

해바라기

횡천초등학교 앞
손가락 펴듯 한 잎 두 잎 꽃잎 내밀어
환하게 웃던 어린 너

천둥과 번개 비바람에
휩쓸리지 않고 용케 버텼지
연일 폭염에
푸욱 고개 숙인 검은 얼굴

결국 남는 것은
까실까실한 얼굴
씨앗 몇 알 손에 들고
땅을 향해 무릎 꿇는 일

북극성

걷는다
한 걸음 한 걸음 내디딜 때마다
나를 버리고
앞으로 나아간다

이미 지나가버린 시간
걸어도 걸어도 도착하지 않는 미래

북극성이 나를 보고 있다
그 별을 마주 보며
캄캄한 우주 속을 걷는다

키질

심장을 뛰게 할 만한
글 고르기
키에서 까불리고 있다

꼬리를 감추는 무지개
노란 개나리는 노랗게 지고
깎여 나가는 두루뭉술한 문장
문암송은 해설사의 입속에 잠기고
슬프다는 말은 녹아버리네

키를 까불릴수록
단단한 알곡은 안으로 안으로

바코드에 찍힌 건
푸른 하늘 은사시 정어리떼

저녁

저녁밥을 안치고 문 앞에 섰다

모내기 끝낸 들엔 시끌벅적 개구리 밥상
비가 올 듯 어깨만치 내려와 있는 하늘
바람이 저녁 안부를 펴 나르고
가만히 내려다보이는 집들의 표정
어둑한 속에 은하수처럼 불 밝히는 가로등

베트남에서 온 지아링 부엌 아이들 소리
왁자지껄 빠른 베트남 말과 서툰 한국어

울산댁 할머니 창문에 까뭇까뭇한 그림자
밤새도록 외로운 TV 소리

약국 할머니집은 며칠째 깜깜하다
아직도 병원에 계신가

마을 어귀 트럭소리 찌그덩 차르르
터덕 터덕 남편의 고무장화 소리

이제 우리 집에도 불 밝혀야겠다
척익 치이익 치이익 달근하고 은은한 밥 냄새

청사포에서

서로의 소리 듣고 화음 맞추는 합창
눈 맞추고 귀 기울여야 해
제 목소리 낮추어야 들을 수 있지

검은 모난 돌이 언제쯤 둥글어져
촤르륵 촤르륵
파도소리에 추임새를 넣을 수 있을까

얼마만큼 깎여야
차르륵 차르륵
갈매기 울음소리 달랠 수 있을까

제각기 소리를 내는 검은 돌들
짜르르 짜르르
바다는 쉼 없이 파도를 보내는데

앗! 지네다

시커먼 몸뚱어리

온몸을 알알이 염주로 엮었구나

새벽마다 이슬로 독기를 씻어내도

씻을 수 없는 업보 있었던가

온몸으로 기어가서

거기, 환한 연꽃으로 피어나라

벚나무 아래

투툭
앙상한 가지
부러져 떨어졌다

날랜 새가
물고 날아올랐다
둥지를 짓는가

나무는
새가 날아간 곳을
오래 바라본다

그 아래
괜찮쓰으 괜찮쓰으
매미 울음소리

상처 위에 소리를 덧댄다

해설

고통의 바다를 건너는 은사시 정어리떼

김남호/ 시인, 문학평론가

> 아기는 놀라서 울었겠다
> 우주가 까매지도록 울었겠다
> —「까만 울음」중에서

새삼스러운 말이지만, 세계는 말(언어)로 이루어져 있다. 인간의 사고는 언어를 통해서만 가능하기에 세계의 인식은 언어 없이는 불가능하다. 창밖에 소나무가 서 있어도 '소나무'라는 말이 없다면 그 존재를 어떻게 인식하겠는가. 인식할 수 없는 것은 존재하지 않는 것과 다를 게 없다. 알아보지 못하는데 어찌 '있다'고 할 것인가. 이렇게 인식적 기능으로서의 '말'도 중요하지만 사회적 기능으로서의 '말'도 중요하다. 우리는 말로써 관계를 맺고 유지한다. 하물며 말로써 세계를 그려내고 진실을 폭로하며 삶의 비의를 읽어내려는 시인에게 말은 "욕망의 성기며 육체의/현실"(오규원, 「말」)이다. 그만큼 결정적이고 절대적이다.

그래서 말과 연애하는 자가 시인이고 말과 싸우는 자도 시인이다. 시인은 말에 예민하고 때로는 과민하다. 말에서 희열을 느끼고 말에서 절망을 느끼는 자, 같은 말이라도 뉘앙스에 따라서 천국과 지옥을 오가는 자, 말의 서슬에 가장 많이 가슴을 베이는 자, 창작의 고통으로 폭약 C-4(콤포지션)보다 백지 A-4를 더 두려하는 자가 시인이다.

*

남유정 시인도 예외가 아니다. 예민한 만큼 더 자주 더 깊이 상처를 받는다. 그의 좋은 시편들이 말에서 비롯된 상처의 기록인 경우가 많다. 물론 좋은 시는 잘 '표현된 상처'라고 하지만 모든 상처가 다 시가 되는 것은 아니다. 진주조개의 모든 상처가 다 진주가 되는 것이 아니듯이. 그런데 시로 표현된 그의 상처는 무직한 동통으로 괴롭히는 삶의 다른 이름이어서 아픔은 멀리 가고 오래 간다. 시라는 언어적 장치를 통해 느끼게 되는 해석된 아픔이 아니라 삶이라는 공통감각을 통해 육박해오는 직접적인 아픔이기 때문이다.

> 걸을 때마다 움찔 찌르륵
> 팽이 같은 티눈이 다섯 개
> 이 지경이 되도록 참고 있었냐는 말
> 눈물이 핑 돌았다
> 내 아픔에 둔감했구나
> 나를 외면하며 살았구나
>
> 홍합은 진주를 만들기도 한다는데
> 보석이 되지 못하는 것을 왜 키우고 있었나

비수 같은 말 삼키면 보약 되는 쓴 약인 줄 알았지
눈 질끈 감으면 잊힐 줄 알았는데

마지막까지 소화되지 못한 말
발치에 못으로 박혔나
걸어온 날들을 가만히 더듬어
낮도깨비 같은 말들 칼로 떼어낸다

―「티눈」 전문

발에 무려 다섯 개의 "팽이 같은 티눈"이 박혀 있다. 티눈이란 생활과 마찰이 심한 곳에 만들어지는 비명이자 옹이가 아닌가. 옹이는 통점의 밀도가 가장 높은 곳, 다섯 군데에서 동시에 만들어내는 통증이 "걸을 때마다 움찔 찌르륵" 괴롭힌다. 견디다 못해 병원을 찾아갔을 터. 의사는 "이 지경이 되도록 참고 있었냐"고 타박한다, 순간 시인은 "눈물이 핑" 돈다. 몸 관리의 소홀함을 타박하는데 왜 뜬금없이 눈물이 나는가. 이 지점이 바로 이 시의 눈이다. 시인에게는 의사의 타박이 위로의 말로 들렸던 것이다. 따뜻한 위로를 만나는 순간 슬픔은 완성되는 게 아닌가. 비로소 스스로를 돌아보게 된다. '내 아픔에 너무 둔감했구나/ 나를 외면하며 살았구나" 하고.

그러면서 내 아픔의 원인을 생각한다. "비수 같은 말" 때문이라는 데 생각이 미친다. 나를 찌른 그 비수를 "삼키면 보약 되는 쓴 약인 줄" 알고, "눈 질끈 감으면 잊힐 줄 알"고

묵묵히 견딘 것이다. 하지만 그 말은 보약은커녕 독약이 되어서 나를 괴롭힌다. "마지막까지 소화되지 못한 말"은 "발치에 못으로 박혔"다고 생각한다. 그리고 "보석이 되지 못하는 것을 왜 키우고 있었나" 하고 후회한다. 티눈에서 시작된 아픔과 슬픔이 말의 비수와 상처를 거쳐 후회와 각성으로 이어진다. 급기야 시인은 한밤중에 일어나 "걸어온 날들을 가만히 더듬어"보며, "낮도깨비 같은 말들"을 칼로 떼어낸다.

시인에게 티눈은 누군가의 말에서 입은 상처들이 쌓이고 굳어져서 생긴 흔적일 테지만, 그 상처는 나의 예민함이 빚은 오해일 수도 있으니 가해자를 특정지을 수도 없는 탓에 "낮도깨비" 같은 것이다. 이렇게 소심하고 내성적인 시인의 '상처적 체질'은 머뭇거리고 주저하는 태도와 표정으로 드러나고, 이런 이미지는 시집을 관통하는 그의 페르소나이기도 하다.

    소문을 집어나르며 거품 무는 집게발들
    귓가에 몰려들어 잠 못 드는 밤
    곱씹으며 삭혀보지만 모래알 씹듯 겉돈다

    거친 파도가 난무하는 바닷가
    뾰족한 말은 모난 돌이 되어 날아들고
    가슴에 부딪히며 깨어져 가는 몽돌들

이해하지 못한 말들
망각 속에 꿈을 꾸고
파도에 둥글어지는 낯선 조각들

닳아진 말들을 파도 속에 밀어넣는다
검은 물결 속에 하얗게 부서지는 포말
달빛 공기방울이 하늘로 날아오른다
―「하얗게 부서진 말들」 전문

상처는 건드릴수록 덧난다. 특히 말로 인해서 생겨난 상처는 곱씹으면서 커지고 깊어지기도 하지만 '소문'이라는 악성바이러스까지 더해져서 악화되기 십상이다. 잠자리에 들면 더욱 증폭되는 낯선 말들의 데시벨 때문에 잠은 포기해야 한다. "곱씹으며 삭혀보지만" 그건 삭히는 게 아니라 오히려 상처를 후벼파는 일이어서 "모래알 씹듯" 입안 가득 고이는 비명으로 잠과 밤은 겉돌 수밖에 없다.

"뽀족한 말은 모난 돌이 되어 날아들고/ 가슴에 부딪히며 깨어져 가는 몽돌들" 때문에 잠자리는 "거친 파도가 난무하는 바닷가"처럼 혼란스럽다. 하지만 시인이 이 난국을 헤쳐나가는 방식은 가해자를 향한 저주와 반격의 앙갚음이 아니라, "파도에 둥글어지는 낯선 조각들"을 "파도 속에 밀어넣"어 다독이고 삭이는 견인堅忍과 용서이다. 나를 향해 성난 파도처럼 밀려오는 "이해하지 못한 말들"을 해변의 갯바위처럼 고스란히 견디면서 "망각 속에 꿈을 꾸"듯이 하얀 포

말로 사라져가기를 기다리는 것이다.

*

 영원히 밀려오기만 하는 파도가 어디 있으랴. 영원히 모난 돌이 또한 어디 있으랴. 파도가 돌의 모서리를 지우듯이, 전전반측輾轉反側하며 소문이 가라앉고 상처가 아물기를 기다린다. 그러자니 '팽이'처럼 소용돌이치는 티눈이 발에만, 그리고 다섯 개만 생겼겠는가. 가슴에는 얼마나 무수한 티눈이 박혔겠는가. 이런 태도와 자세가 남유정 시인이 세상과 맞서는 방식이고, 또한 세상과 화해하는 방식이다.

 해 질 무렵 운동장을 돈다
 시계를 되돌리듯 반시계 방향으로 걷는다
 달팽이관으로 들어온 말들이
 천천히 되돌아나온다

 툭툭 떨어지는 말들
 달팽이 껍질처럼
 부서지기 쉬운 감정의 껍질

 뜀박질하며 발끝에서부터 올라온
 감정들을 토해낸다
            —「저녁 루틴」부분

시인은 "달팽이관으로 들어온 말들"을 순화시키기 위해 특별한 '루틴'을 만든다. 루틴routine은 일상생활에서 반복적으로 행하는 행위나 어떤 절차를 뜻한다. 얼핏 습관과 비슷해 보이지만 습관habit이 무의식 중에 형성된 자동화된 행동패턴이라면, 루틴은 의도와 노력으로 만들어진 인위적인 행동패턴이라는 점에서 다르다.

내 의지와는 상관없이 "달팽이관으로 들어온 말들"을 거르고 달래고 어루만져서 견딜 만하게 만들기 위해 시인은 "해 질 무렵 운동장을" 도는 것으로 그 루틴을 수행한다. 마치 그 말을 듣기 이전의 시간으로 되돌아가려는 듯이 "시계를 되돌리듯 반시계 방향으로 걷는" 것이다. 그러면 내 뇌리에 꽂혀 있던 그 말의 파편들이 "천천히 되돌아나온다".

그래도 여의치 않으면 "뜀박질하며 발끝에서부터 올라온/ 감정들을 토해낸다". 그러면 "달팽이 껍질처럼/ 부서지기 쉬운 감정의 껍질"들이 달팽이관을 빠져나와 툭툭 떨어지는 것이다. 마침내 "흐린 하늘에 무지개 뜨고/ 저 산 너머에/ 일순간 비치는 보랏빛 광채"를 만나면 비로소 집으로 돌아간다. "구름에 노을 져/ 영원 같은 순간"이 오는 것이다. 영원히 지속될 것 같은 고통의 시간을 순간으로 돌려놓는 그만의 지혜이다.

뻑뻑한 거울을 밀어 닦는다
건조한 어제의 냄새를 씻어내고
밤새 텁텁한 말을 헹군다

거울 속에 주름 접힌 하회탈
거뭇거뭇 나불나불 초랭이
빈 머리카락의 눈치 빠른 땡중

일단 백분으로 뽀얗게 바탕을 깔고
오늘의 얼굴을 스케치한다

부네처럼 눈웃음치며 사랑을 받아볼까
이매처럼 바보스럽게 남을 웃겨볼까
선비탈을 쓰고 아는 체 거드름을 피워볼까

문을 연다
햇볕이 내 얼굴을 벗겨간다

─「자화상」전문

　아침이 오면 "뻑뻑한 거울을 밀어 닦"은 후 "밤새 텁텁한 말을 헹"구는 것으로 새로운 하루를 시작한다. 말로 인해서 시달렸던 표정들은 그 위에 "백분으로 뽀얗게 바탕을 깔고" 지운 다음 "오늘의 얼굴을 스케치"한다. 눈웃음치는 부네탈이나 바보스런 이매탈, 아니면 거드름 피우는 선비탈을 내 표정으로 그려넣는다. 그리고 나서 현관문을 열고 "햇볕이 내 얼굴을 벗겨"가는 세상 속으로 다시 나서는 것이다.

　악력을 키워 세상을 꽉 쥐고 싶었다

공을 쥐락펴락할 때마다
비어 있는 중심이
잡힐 듯 잡히지 않는 마음 같다

─「흰 공」부분

  세상 속으로 들어서면서 다짐한다. "악력을 키워 세상을 꽉 쥐고 싶"다고. 그래서 악력공을 조몰락거린다. 하지만 "비어 있는 중심이/ 잡힐 듯 잡히지 않는 마음 같다". 아무리 움켜쥐어도 중심은 잡히지 않는다. 잡히지 않는 중심 어딘가에 고통이 있고 슬픔이 있고 시(詩)도 있을 것이다. 그래서 시인은 악력을 포기할 수가 없고 붙잡히지 않는 시도 포기할 수가 없다. 더욱 중심을 향해 가속기를 밟는다.
  "가로수가 새겨놓은 바코드 사이로/ 시속 50킬로로 달리며/ 출근길 감정의 스위치를 끈"(이하 「가로수」에서 인용) 채 "사회적 쓸모/ 나를 증명하는 것들/ 직책이 주는 한계/ 오늘의 할 일" 등을 시뮬레이션 한다. 역으로 퇴근길에는 "감정의 스위치를 켜고" "오늘 하지 못했던 말들/ 단호하고 분명하게 말하면서" 달팽이관 속으로 들어온 그 말들을 부드럽게 부수거나 내보낸다. 이런 절차를 거친 후에야 비로소 시인은 "배고프다"는 걸 느끼게 되고 "말갛게 씻은 아이들 얼굴 보고 싶"어지는 것이다. 이 루틴이 곧 시인이 말의 공격으로부터 스스로를 지키는 비방이고 상처를 치유하는 처방이다.

*

 이제 시인은 말의 고통이나 상처에 더 이상 스스로를 맡기지 않는다. 스스로를 반짝이게 하는 방법을 깨달은 것이다.

몰려가던 바람이 그물을 쳐놓았다
낭창 휘었다 탄력을 회복하는 거미줄
구름 이파리들도 짧게 꼬리친다

푸른 하늘에 유난히 반짝이는 은사시 정어리떼
혹등고래들이 뿜어올린 공기방울 울타리 속으로
구름이 우왕좌왕하는 사이
격렬한 몸짓으로 돌진하는 무리
우리 삶도 격렬비열 저러하리라

흔들릴 땐 단도직입 빛을 향해 진격할 일이다
빛의 길은 어떤 바람에도 꺾이지 않는다
흔들리고 출렁이다 휠 뿐
　　　　　　　　　　　―「유난히 반짝이는」 부분

 지천명知天命을 넘긴 시인은 "권태와 졸음을 떨치고" "인생 3막이 시작"되면서 "낭창 휘었다 탄력을 회복하는 거미줄"처럼 재생력이 생겼다. 우연히 우러러본 하늘에는 은사시나무 이파리들이 꼬리치는 것 같은 권적운卷積雲이 보인다. 마치 바닷속을 떼지어 몰려가는 정어리떼 같다. "혹등고래들이 뿜어올린 공기방울 울타리 속으로/ 흩어졌다 모"이는 한 무리의 은사시 정어리떼.

구름의 움직임은 뭉쳤다가 흩어지고 격렬하다가도 지리멸렬하다. 시인의 표현을 빌리자면 "격렬비열", 격렬激烈과 비열卑劣 사이에서 살아가는 우리 삶의 맨얼굴을 권적운에서 본다. 시인은 "단도직입 빛을 향해 진격"하는 정어리떼처럼 내 삶도 "흔들리고 출렁이다 휠"지언정 "어떤 바람에도 꺾이지 않"기를 바란다. 가장 빛나는 것은 화려한 것이 아니라 어쩌면 가장 덤덤한 것인지도 모른다. 지천명의 연륜에 값하듯이 지금의 자신이 "사랑 하나 세월 하나/ 무심히 건너가는 중"이기를 소망하는 것이다.

*

불치병을 선고받은 사람은 심리적으로 다섯 단계를 거치게 된다고 한다. 처음에는 받아들일 수 없는 병명을 부정하고, 조금 지나면 하필 나에게 왜 이런 일이 생기는 것일까 분노하고, 그러다가 피할 수 없는 현실과 타협하게 되고, 타협은 했지만 한없이 우울해지고, 결국 운명으로 여기며 현실을 수용하게 된다고 한다. 그러면서 영혼이 한층 성숙해진단다. 환자를 위로하러 갔던 사람이 되레 환자로부터 위로받고 오는 반전도 이런 연유 때문일 것이다. 어디 불치병만 그렇겠는가. 일상에서 맞닥뜨리는 무수하고 다양한 고통과 슬픔 앞에서 우리는 이 다섯 단계를 압축적으로 겪을 수밖에 없다. 그러면서 성숙해지고 담담해지고 마침내 주체적인 존재로 거듭나는 게 아닐까.

    젖꼭지에 소태나무 진액을 묻혀
    아기 젖을 떼었다고 한다

    아기는 놀라서 울었겠다
    우주가 까매지도록 울었겠다

    그 아이 지금도 세상 어느 구석에서
    울고 있겠다 속울음 삼키겠다
                     —「까만 울음」 전문

  우리가 태어나서 최초로 겪는 분리공포의 체험은 이유離乳의 단계가 아닐까. 달게 빨던 엄마의 젖꼭지에 쓰디쓴 소태나무의 진액이 발렸을 때 아이가 받는 고통은 "우주가 까매지"는 충격이었을 것이다. 그리고 그 트라우마로 "지금도 세상 어느 구석에서" 속울음을 울고 있을 것이다. 그렇다고 영원히 엄마의 젖으로 살 수는 없는 노릇. '성장과업'이라고도 하는 이 필수적인 아픔은 고통스럽긴 해도 성장의 소중한 밑거름이 되고 앞으로 나아가는 동력이 된다.
  말에서 비롯되는 고통도 마찬가지다. 언어라는 불완전한

수단으로 마음을 교환하려니 오류나 오해가 생길 수밖에 없고, 인간이라는 미숙한 인격체끼리 어우러져 살려고 하니 티격태격할 수밖에 없는 것이다. 말 때문에 힘을 얻기도 하지만 말 때문에 상처받기도 하는 '언어적 현실'을 우리는 어떻게 살아내느냐가 문제다. 이 문제에 대한 모범해답은 아닐지라도 여러 정답 중의 하나를 우리는 남유정의 이 시집에서 찾을 수 있다. 그의 이번 시집에서 유독 말에 대한 작품이 많다는 것은 그만큼 말로부터 고통받았거나 힘들었다는 뜻이고, 지금은 어느 정도 적응되고 단련됐다는 뜻일 테다. 그렇지 않다면 이렇게 맑은 시가 쓰여지겠는가?

    석양은 마루 끝에 앉았다가
    저 혼자 가버리고

    기다려도 오지 않는
    기다려서 오지 않는
    장에 가신 할머니

    감나무 마른 잎사귀 소리만 서걱거리는데
    어디까지 왔나,
    어디까지 왔나,

    우리는 동구 밖에
    대문 앞에 방문 앞에

차례차례 귀를 매달아놓고

졸다가 깨다가
풍경소리 내는 초저녁

—「발자국 소리」 전문

 어두워지는 텅 빈 집에 남아서 장에 가신 할머니를 기다리는 어린 화자(들)의 불안과 공포를 고전적 정서에 얹어서 동시풍으로 그린 이 시는 산사의 풍경소리처럼 맑디맑다. 이 시는 첫 줄부터 끝줄까지 어느 한 군데도 군더더기가 없다. 표현도 자연스러우면서 빼어나고 바탕에 깔려 있는 배경도 쓸쓸하면서 투명하다. 이 시집에서 가장 아름다운 시 한 편만 고르라고 한다면 나는 이 작품을 고르겠다. 상처의 극복 없이 이렇게 맑은 시를 쓸 수 있겠는가.
 다시 말하거니와 시는 상처의 기록이다. 하지만 상처가 시가 되기 위해서는 상처에 머물기만 해서는 곤란하다. 그 상처를 어떻게 극복하는지 혹은 견디는지가 문제다. 지극히 아픈 상처는 극복될 수 있는 게 아니어서 그저 껴안고 견디는 수밖에 없다. 시는 이때에 나오는 부산물이면서 진통제이다. 그래서 남유정의 아픈 시들은 시인을 견디게 하고 독자를 치유하게 한다. 이것이 남유정의 첫 시집 『푸른 하늘 은사시 정어리떼』에 우리가 주목하는 이유이다.

현대시세계 시인선 **186**
푸른 하늘 은사시 정어리떼

지은이_ 남유정
펴낸이_ 조현석
기　획_ 김정수, 우대식
펴낸곳_ 북인
디자인_ 푸른영토

1판 1쇄_ 2025년 11월 07일
출판등록번호_ 313 - 2004 - 000111
주소_ 121 - 842 서울 마포구 서교동 460 - 34, 501호
전화_ 02 - 323 - 7767
팩스_ 02 - 323 - 7845

ISBN 979-11-6512-186-0　　03810
ⓒ남유정, 2025

이 책은 경상남도, 경남문화예술진흥원의 문화예술 지원을 보조받아 발간되었습니다.

책값은 뒤표지에 있습니다.
저자와 협의 아래 인지를 생략합니다.

이 책의 글과 그림에 관한 저작권은 저자와 출판사에 있습니다.
저자 허락과 출판사 동의 없이 내용의 일부를 인용, 발췌를 금합니다.